하루 딱 한 장으로 사자소학 천재 되기

지은이 강효미
그린이 파키나미
펴낸이 정규도
펴낸곳 (주)다락원

초판 1쇄 발행 2022년 9월 8일

편집총괄 최운선
책임편집 조선영
디자인 싱아

다락원 경기도 파주시 문발로 211
내용문의 (02) 736-2031 내선 276
구입문의 (02) 736-2031 내선 250~252
Fax (02) 732-2037

출판등록 1977년 9월 16일 제406-2008-000007호

Copyright © 2022, 강효미

저자 및 출판사의 허락 없이 이 책의 일부 또는 전부를 무단 복제·전재·발췌할 수 없습니다. 구입 후 철회는 회사 내규에 부합하는 경우에 가능하므로 구입문의처에 문의하시기 바랍니다. 분실·파손 등에 따른 소비자 피해에 대해서는 공정거래위원회에서 고시한 소비자 분쟁 해결 기준에 따라 보상 가능합니다. 잘못된 책은 바꿔 드립니다.

값 13,000원
ISBN 978-89-277-4780-2 (73700)

http://www.darakwon.co.kr
다락원 홈페이지를 통해 인터넷 주문을 하시면 자세한 정보와 함께 다양한 혜택을 받으실 수 있습니다.

하루 한 장 × 60일 만에 완성하는 초등 사자소학!

하루 딱 한 장으로
사자소학 천재 되기

강효미 지음 | 파키나미 그림

다락원

> 여는 말

낯설고 생소한 사자소학!
만화와 퀴즈로 저절로 익혀 볼까?

'만화를 통해 사자소학을 저절로 내 것으로 만들 수는 없을까?'

〈하루 딱 한 장으로 사자소학 천재 되기〉는 이런 고민으로부터 만들어진 책이에요.

사자소학은 중국 송나라의 유학자 주희가 짓고 제자 유자징이 이어서 편찬한 '소학'에서 아이들에게 가르칠 만한 쉬운 내용을 뽑아 엮은 책으로, 일상생활 속 지켜야 할 규범과 예의를 담고 있어 조선 시대 서당에서 천자문과 함께 배우는 교재였지요. 하지만 양이 방대하고, 어려운 한자로 쓰여 있어서 전부 외우고 익히기엔 쉽지 않아요. 시대의 흐름에 어울리지 않는 내용도 다수 포함되어 있고요.

그래서 이 책은 사자소학 중에 초등학생이 꼭 알아야 할 핵심 60개 구절을 선정해 효도, 형제, 친구, 스승과 웃어른, 나(마음가짐)의 익숙한 다섯 가지 주제로 나누어 담았어요.

재미있는 만화를 통해 뜻을 이해하고, 손으로 직접 써 보며, 퀴즈까지 풀고 나면 낯설고 생소했던 사자소학의 가르침이 어느새 저절로 내 것이 되어 있을 거예요.

이 책에는 엄마 아빠의 착각으로 졸지에 '천재'라는 이름이 붙여진 아이가 등장해요. 하필 성이 노씨라 'NO천재'라는 놀림을 받기도 하지요. 천재가 비록 진짜 천재는 아닐지라도, 일상에서 좌충우돌하며 사자소학만큼은 천재가 되어 간답니다!

자, 지금부터 천재와 함께 즐거운 사자소학 공부를 시작해 볼까요?

저자 강효미

★ 천재가 알려 주는 이 책의 활용법! ★

이 책은 하루 딱 한 장씩, 60일 동안 사자소학 구절을 익힐 수 있도록 구성되어 있어. 다음 순서대로 활용해 봐.

❶ 오늘 배울 구절을 꼼꼼히 읽어 보자.

❸ 구절의 한자와 뜻을 천천히 따라 써 보자.

❷ 각 구절과 관련된 재미난 만화를 읽어 보자.

❹ 오늘 배운 구절을 생각하며 퀴즈를 풀어 보자. 정답은 바로 아래에 있어.

❺ '천재의 한마디'도 잊지 말고 살펴보자.

쉬어 가기 코너의 **정답**은 **150쪽**부터 확인해 줘!

차례

1장 부모父母 편
부모의 사랑과 자식의 효도

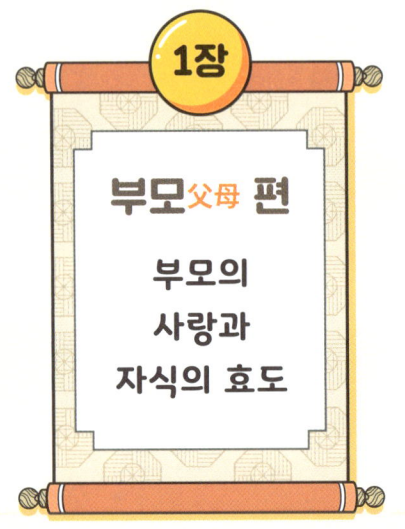

01일째	부생아신 모국오신	父生我身 母鞠吾身	12
02일째	복이회아 유이포아	腹以懷我 乳以哺我	14
03일째	이의온아 이식포아	以衣溫我 以食飽我	16
04일째	은고여천 덕후사지	恩高如天 德厚似地	18
05일째	위인자자 갈불위효	爲人子者 曷不爲孝	20
06일째	욕보기덕 호천망극	欲報其德 昊天罔極	22
07일째	부모호아 유이추진	父母呼我 唯而趨進	24
08일째	부모사아 물역물태	父母使我 勿逆勿怠	26
09일째	출필고지 반필면지	出必告之 反必面之	28
10일째	신체발부 물훼물상	身體髮膚 勿毀勿傷	30
11일째	부모애지 희이물망	父母愛之 喜而勿忘	32
12일째	부모책지 반성물원	父母責之 反省勿怨	34
13일째	사필품행 무감자전	事必稟行 無敢自專	36
14일째	일기부모 기죄여산	一欺父母 其罪如山	38
15일째	설리구순 맹종지효	雪裏求筍 孟宗之孝	40
16일째	부빙득리 왕상지효	剖氷得鯉 王祥之孝	42

쉬어 가기 1 사다리 타기 / 낱말 퀴즈   44

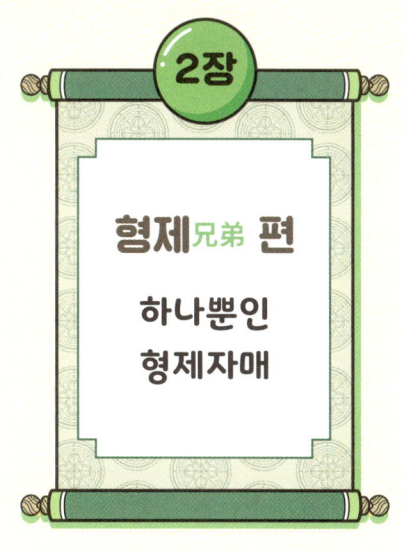

2장 형제 兄弟 편
하나뿐인 형제자매

일차	한글	한자	쪽
17일째	형체수이 소수일혈	形體雖異 素受一血	48
18일째	형우제공 불감원노	兄友弟恭 不敢怨怒	50
19일째	형제이이 행즉안행	兄弟怡怡 行則雁行	52
20일째	침즉연금 식즉동상	寢則連衾 食則同牀	54
21일째	일배지수 필분이음	一杯之水 必分而飲	56
22일째	일립지식 필분이식	一粒之食 必分而食	58
23일째	형수책아 막감항노	兄雖責我 莫敢抗怒	60
24일째	제수유과 수물성책	弟雖有過 須勿聲責	62
25일째	형제유선 필예우외	兄弟有善 必譽于外	64
26일째	형제유난 민이사구	兄弟有難 悶而思救	66
27일째	아유환락 형제역락	我有歡樂 兄弟亦樂	68
28일째	아유우환 형제역우	我有憂患 兄弟亦憂	70
29일째	형제화목 부모희지	兄弟和睦 父母喜之	72

쉬어 가기 2 길 찾기   74

3장 사제 師弟 · 경장 敬長 편
존경하는 스승과 어른

일차	한글	한자	쪽
30일째	사사여친 필공필경	事師如親 必恭必敬	78
31일째	선생시교 제자시칙	先生施教 弟子是則	80
32일째	숙흥야매 물라독서	夙興夜寐 勿懶讀書	82
33일째	근면공부 부모열지	勤勉工夫 父母悅之	84
34일째	능지능행 총시사공	能知能行 總是師功	86
35일째	시습문자 자획해정	始習文字 字劃楷正	88
36일째	서책랑자 매필정돈	書册狼藉 每必整頓	90

37일째	장자자유 유자경장	長者慈幼 幼者敬長	92
38일째	장자지전 진퇴필공	長者之前 進退必恭	94
39일째	아경인친 인경아친	我敬人親 人敬我親	96
40일째	빈객래방 접대필성	賓客來訪 接待必誠	98
쉬어 가기 3	초성 퀴즈 / 만화 퀴즈		100

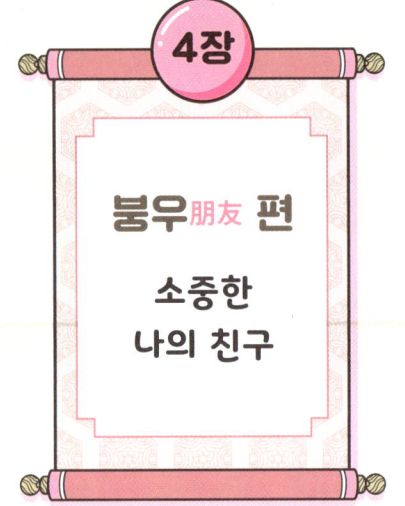

4장
붕우朋友 편
소중한 나의 친구

41일째	인지재세 불가무우	人之在世 不可無友	104
42일째	이문회우 이우보인	以文會友 以友輔仁	106
43일째	우기정인 아역자정	友其正人 我亦自正	108
44일째	종유사인 아역자사	從遊邪人 我亦自邪	110
45일째	붕우유과 충고선도	朋友有過 忠告善導	112
46일째	인무책우 이함불의	人無責友 易陷不義	114
47일째	면찬아선 첨유지인	面讚我善 諂諛之人	116
48일째	면책아과 강직지인	面責我過 剛直之人	118
49일째	언이불신 비직지우	言而不信 非直之友	120
50일째	견선종지 지과필개	見善從之 知過必改	122
쉬어 가기 4	OX 퀴즈 / 편지 완성하기		124

5장

수신修身·제가齊家편
나와 가정, 올바른 마음가짐

51일째	족용필중 수용필공	足容必重 手容必恭	128
52일째	목용필단 구용필지	目容必端 口容必止	130
53일째	성용필정 두용필직	聲容必靜 頭容必直	132
54일째	의사필문 분사필난	疑思必問 忿思必難	134
55일째	행필정직 언즉신실	行必正直 言則信實	136
56일째	용모단정 의관정제	容貌端正 衣冠整齊	138
57일째	수신제가 치국지본	修身齊家 治國之本	140
58일째	독서근검 기가지본	讀書勤儉 起家之本	142
59일째	막담타단 미시기장	莫談他短 靡恃己長	144
60일째	적선지가 필유여경	積善之家 必有餘慶	146

쉬어 가기 5 숨은그림찾기 … 148

쉬어 가기 정답 150

1장

부모父母 편

부모의 사랑과 자식의 효도

부생아신 모국오신
父 生 我 身 　 母 鞠 吾 身

아버지 내 몸을 낳으시고
어머니 내 몸을 기르셨다.

 뜻을 생각하며 바르게 따라 써 보세요.

父	生	我	身
아버지 부	날 생	나 아	몸 신

母	鞠	吾	身
어머니 모	기를 국	나 오	몸 신

아버지 내 몸을 낳으시고
어머니 내 몸을 기르셨다.

 다음 중 '아버지'를 뜻하는 한자에 ◯, '어머니'를 뜻하는 한자에 △를 표시해 볼까요?

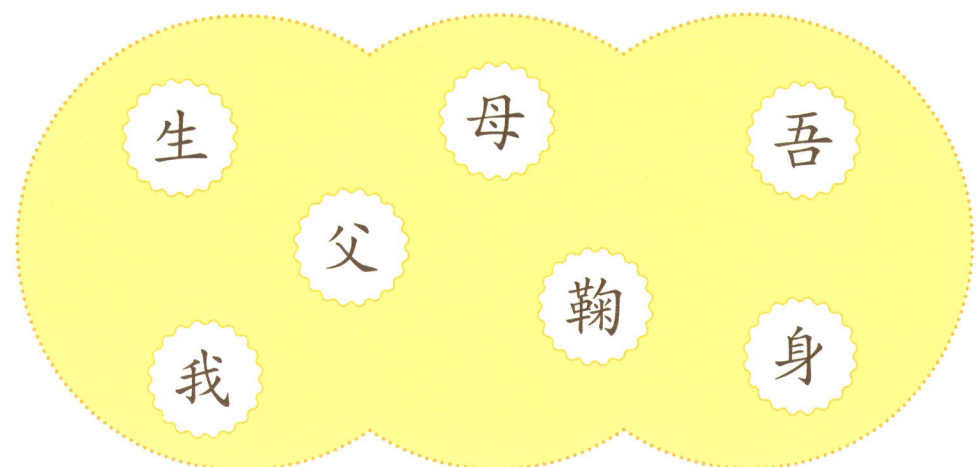

 아버지와 어머니를 합쳐 '부모'라고 해. 부모님 덕분에 내가 태어나고, 잘 자랄 수 있었어! 그러니 부모님께 감사 인사를 드려 볼까?

정답 O:父 △:母

복이회아   유이포아
腹 以 懷 我   乳 以 哺 我

배로 나를 품어 주시고
젖으로 나를 먹여 주셨다.

 뜻을 생각하며 바르게 따라 써 보세요.

腹	以	懷	我		乳	以	哺	我
배 복	써 이	품을 회	나 아		젖 유	써 이	먹일 포	나 아

배로 나를 품어 주시고
젖으로 나를 먹여 주셨다.

 '복이회아 유이포아'와 어울리는 상황에 표시를 해 볼까요?

❶ 나는 울다가도 엄마가 젖을 먹여 주면 뚝 그쳤대. (   )

❷ 아침에 엄마가 안 깨워도 혼자서 일어났어! (   )

어머니는 열 달 동안 나를 품고, 배고플 땐 먹이고, 울 땐 달래며 소중히 키워 준 감사한 분이야. 어머니가 없었다면 지금의 나도 없을 거란 사실, 잊지 마!

이의온아 　　이식포아
以衣溫我　　以食飽我

옷으로 나를 따뜻하게 하시고
밥으로 나를 배부르게 하셨다.

 뜻을 생각하며 바르게 따라 써 보세요.

以	衣	溫	我
써 이	옷 의	따뜻할 온	나 아

以	食	飽	我
써 이	밥 식	배부를 포	나 아

옷으로 나를 따뜻하게 하시고 밥으로 나를 배부르게 하셨다.

 다음 문장에서 틀린 부분을 찾아 바르게 고쳐 써 볼까요?

이의온아 이식포아는
① 옷으로 나를 ② 따뜻하게 하시고
③ 떡으로 나를 ④ 배부르게 하신다는 뜻이다.

(   )

 부모님의 1순위는 항상 우리야. 좋은 옷과 맛있는 것, 소중하고 귀한 것은 무조건 우리에게 먼저 주시지. 그러니까 부모님께 떼쓰고 투정만 부리면 안 되겠지?

정답 ③ 밥

은고여천 덕후사지
恩高如天 德厚似地

은혜의 높기는 하늘과 같고
덕의 두텁기는 땅과 같다.

♥ 덕 : 베풀어 준 은혜나 도움.

 뜻을 생각하며 바르게 따라 써 보세요.

恩	高	如	天	德	厚	似	地
은혜 은	높을 고	같을 여	하늘 천	덕 덕	두터울 후	같을 사	땅 지

은혜의 높기는 하늘과 같고 덕의 두텁기는 땅과 같다.

 다음 그림에 어울리는 한자를 적어 볼까요?

 **천재의 한마디**
하늘은 아주 높고 끝이 없으며 땅은 눈으로 다 볼 수 없을 만큼 넓어. 부모님의 은혜와 덕은 하늘과 땅에 견줄 만큼 크다고 볼 수 있지. 나는 언제 부모님의 은혜와 덕을 느꼈는지 생각해 볼까?

정답 天, 地

위 인 자 자   갈 불 위 효
爲 人 子 者   曷 不 爲 孝

사람의 자식 된 자가
어찌 효도를 하지 않을까.

 뜻을 생각하며 바르게 따라 써 보세요.

爲	人	子	者	曷	不	爲	孝
될 위	사람 인	아들 자	사람 자	어찌 갈	아닐 불	할 위	효도 효

사람의 자식 된 자가 어찌 효도를 하지 않을까.

 '위인자자 갈불위효'와 어울리는 상황에 ✓ 표시를 해 볼까요?

❶  어버이날이 마침 토요일이라 하루 종일 신나게 게임을 했어! ( )

❷ 어버이날에 부모님께 감사의 편지를 썼어! ( )

천재의 한마디

새끼 까마귀가 자라면 늙은 어머니에게 먹이를 물어다 주는 효도를 한다고 해. 하물며 까마귀도 효도를 하는데, 사람으로 태어나서 부모를 공경하지 않는다면 참 부끄러운 일이겠지?

정답 ②

욕보기덕 호천망극
欲 報 其 德 昊 天 罔 極

그 덕을 갚고자 해도
하늘처럼 끝이 없다.

 뜻을 생각하며 바르게 따라 써 보세요.

欲	報	其	德
하고자할 욕	갚을 보	그 기	덕 덕

昊	天	罔	極
하늘 호	하늘 천	없을 망	다할 극

그 덕을 갚고자 해도 하늘처럼 끝이 없다.

 빈칸에 알맞은 번호를 넣어 '욕보기덕 호천망극'의 뜻을 완성시켜 볼까요?

그 ( )을 ( ) 해도 ( )처럼 ( )이 없다.

❶ 하늘　❷ 덕　❸ 갚고자　❹ 끝

 부모님보다 자식을 사랑하는 사람은 없을 거야. 그래서 자식은 눈에 넣어도 아프지 않다는 말도 있지. 그런 부모님의 사랑에 보답하기 위해 우리가 할 수 있는 일은 무엇일지 고민해 보자!

정답 ②, ③, ①, ④

부모호아 유이추진
父母呼我 唯而趨進

부모님이 나를 부르시면
대답하고 빨리 달려가라.

 뜻을 생각하며 바르게 따라 써 보세요.

父	母	呼	我
아버지 부	어머니 모	부를 호	나 아

唯	而	趨	進
대답할 유	말이을 이	달릴 추	나아갈 진

부모님이 나를 부르시면
대답하고 빨리 달려가라.

 그림과 한자를 맞게 연결해 볼까요?

   •   •

   •   •

 하던 일에 정신이 팔려서 부모님이 부르시는데도 대답하지 않거나, 심부름을 시킬까 봐 일부러 못 들은 척하는 것 모두 불효래. 꼭 기억해!

부모사아 물역물태
父母使我 勿逆勿怠

부모님이 나를 부리시면
거스르지도 게을리하지도 말아라.

 뜻을 생각하며 바르게 따라 써 보세요.

父	母	使	我
아버지 부	어머니 모	부릴 사	나 아

勿	逆	勿	怠
말 물	거스를 역	말 물	게으를 태

부모님이 나를 부리시면
거스르지도 게을리하지도 말
아라.

 '부모사아 물역물태'와 어울리는 상황에 ✓ 표시를 해 볼까요?

❶ 낮잠을 자고 있는데
엄마가 심부름을 시키셔서 벌떡 일어났어! ( )

❷ 엄마가 심부름을 시키셨지만
낮잠을 자고 나서 하기로 했어! ( )

천재의 한마디
부모님의 말씀을 잘 들으면 자다가도 떡이 생긴다는 속담을 알고 있어? 이 속담처럼 부모님은 우리에게 도움이 되는 일들만 시키시는 분들이야. 그러니 잘 따라야겠지?

정답 ①

27

출필고지 반필면지
出必告之 反必面之

나갈 때는 반드시 알리고
돌아오면 반드시 뵈어라.

 뜻을 생각하며 바르게 따라 써 보세요.

出	必	告	之		反	必	面	之
나갈 출	반드시 필	알릴 고	이것 지		돌아올 반	반드시 필	뵐 면	이것 지

나갈 때는 반드시 알리고
돌아오면 반드시 뵈어라.

 다음 문장에서 틀린 부분을 찾아 바르게 고쳐 써 볼까요?

출필고지 반필면지는
① 나갈 때는 반드시 ② 비밀로 하고
③ 돌아오면 반드시 ④ 뵈어라는 뜻이다.

( )

 **천재의 한마디**
외출할 땐 어디에 가는지, 언제 돌아올지 부모님께 미리 말씀드리고, 돌아왔을 땐 잘 다녀왔다고 인사를 드려야 해. 그러지 않으면 부모님이 무척 걱정하실 거야.

정답 ② 알리고

신체발부 물훼물상
身體髮膚 勿毀勿傷

몸과 머리털과 피부를
훼손하지 말고 상하게 하지 말아라.

 뜻을 생각하며 바르게 따라 써 보세요.

身	體	髮	膚	勿	毀	勿	傷
몸 신	몸 체	터럭 발	살갗 부	말 물	훼손할 훼	말 물	상할 상

　몸과 머리털과 피부를 훼손하지 말고 상하게 하지 말아라.

 다음 중 '몸'을 뜻하는 두 개의 한자에 ◯를 표시해 볼까요?

 우리가 다치면 부모님이 크게 걱정하고 밤새 돌봐 주시지? 그만큼 우리 몸은 무척 소중해. 그러니 부모님에게 물려받은 몸과 머리카락, 피부 등을 소중히 다루자!

정답 身, 體

월 일 요일

부모애지 희이물망
父母愛之 喜而勿忘

부모님이 사랑해 주시면
기뻐하고 잊지 말아라.

 뜻을 생각하며 바르게 따라 써 보세요.

父	母	愛	之	喜	而	勿	忘
아버지 부	어머니 모	사랑할 애	이것 지	기쁠 희	말이을 이	말 물	잊을 망

부모님이 사랑해 주시면
기뻐하고 잊지 말아라.

 '부모애지 희이물망'과 어울리는 상황에 ✓ 표시를 해 볼까요?

❶  아빠가 사랑한다고 안아 주실 때 방귀를 뿡 뀌고 도망쳤어. ( )

❷  엄마가 써 주신 사랑의 편지를 소중하게 간직하고 있어. ( )

 부모님의 사랑을 공기나 물처럼 당연하게 여기는 친구들 있어? 공기나 물이 사라진다면 인간이 살 수 없듯이 부모님의 사랑도 무척이나 귀해. 그러니 항상 감사한 마음을 갖도록 하자!

정답 ②

12일째

월   일   요일

부모책지   반성물원
父母責之   反省勿怨

부모님이 꾸짖으시면
반성하고 원망하지 말아라.

 뜻을 생각하며 바르게 따라 써 보세요.

父	母	責	之
아버지 부	어머니 모	꾸짖을 책	이것 지

反	省	勿	怨
돌이킬 반	살필 성	말 물	원망할 원

부모님이 꾸짖으시면 반성하고 원망하지 말아라.

 빈칸에 알맞은 번호를 넣어 '부모책지 반성물원'의 뜻을 완성시켜 볼까요?

( )이 꾸짖으시면 ( )하고 ( )하지 ( )라.

❶ 반성   ❷ 부모님   ❸ 원망   ❹ 말아

 부모님이 우리를 혼내는 건 우리의 잘못된 행동을 바로잡아 주기 위해서야. 언제 부모님께 혼이 났는지, 그 후로 어떻게 달라지려고 노력했는지 한번 떠올려 볼까?

정답 ②, ①, ③, ④

35

사필품행 무감자전
事必稟行 無敢自專

일은 반드시 여쭈어 행하고
감히 자기 멋대로 하지 말아라.

 뜻을 생각하며 바르게 따라 써 보세요.

事	必	稟	行
일 사	반드시 필	여쭐 품	행할 행

無	敢	自	專
없을 무	감히 감	스스로 자	멋대로할 전

일은 반드시 여쭈어 행하고 감히 자기 멋대로 하지 말아라.

 다음 문장들에서 밑줄 친 단어를 뜻하는 한자를 적어 볼까요?

- 선생님께서 숙제는 반드시 **스스로** 하라고 말씀하셨다.
- 하늘은 **스스로** 돕는 자를 돕는다.
- 천재는 손톱과 발톱을 **스스로** 깎는다.

 무조건 부모님의 말씀을 그대로 따르라는 건 아니야. 하지만 부모님은 나보다 인생의 지혜가 많은 어른이야. 그런 부모님의 말씀을 듣고 행동하는 것이 우리에게 더 도움이 되지 않을까?

정답 自

일기부모 기죄여산
一欺父母 其罪如山

한 번이라도 부모님을 속이면
그 죄가 산과 같다.

 뜻을 생각하며 바르게 따라 써 보세요.

一	欺	父	母	其	罪	如	山
한 일	속일 기	아버지 부	어머니 모	그 기	허물 죄	같을 여	산 산

한 번이라도 부모님을 속이면 그 죄가 산과 같다.

 '일기부모 기죄여산'과 어울리는 상황에  표시를 해 볼까요?

❶ 엄마가 장난감을 사 준다고 해서 따라갔더니 치과였어! ( )

❷ 아빠한테 숙제를 다 했다고 거짓말했다가 혼났어. ( )

 **천재의 한마디**
부모님께 거짓말한 적 있어? 그때 마음이 어땠어? 아마 굉장히 불편했을 거야! 부모님은 때론 나보다 나를 더 잘 아시니까 무엇이든 솔직하게 행동하고 말씀드리는 게 어떨까?

설리구순 맹종지효
雪裏求筍 孟宗之孝

눈 속에서 죽순을 구한 것은
맹종의 효도다.

 뜻을 생각하며 바르게 따라 써 보세요.

雪	裏	求	筍
눈 설	속 리	구할 구	죽순 순

孟	宗	之	孝
맏 맹	마루 종	어조사 지	효도 효

눈 속에서 죽순을 구한 것은 맹종의 효도다.

 다음 문장에서 틀린 부분을 찾아 바르게 고쳐 써 볼까요?

설리구순 맹종지효는

① 태풍 속에서 ② 죽순을 구한 것은

③ 맹종의 ④ 효도라는 뜻이다.

(   )

효자였던 맹종은 병든 어머니를 위해 눈보라 치는 한겨울에 죽순을 구해 왔대. 맹종의 효심에 감동한 하늘이 대나무 밭의 눈을 녹이고 죽순을 돋아나게 한 덕분이었지. 우리의 효심으로도 기적이 일어날지 몰라!

정답 ① 눈

41

부빙득리   왕상지효
剖 氷 得 鯉   王 祥 之 孝

얼음을 깨고 잉어를 얻은 것은
왕상의 효도다.

 뜻을 생각하며 바르게 따라 써 보세요.

剖	氷	得	鯉	王	祥	之	孝
쪼갤 부	얼음 빙	얻을 득	잉어 리	임금 왕	상서로울 상	어조사 지	효도 효

　얼음을 깨고 잉어를 얻은 것은 왕상의 효도다.

 다음 그림에 어울리는 한자를 적어 볼까요?

 왕상은 병든 어머니를 위해 체온으로 연못의 얼음을 녹이고, 잉어를 잡으려 했어. 왕상의 정성이 통했는지 잉어 두 마리가 저절로 얼음 위로 뛰어올랐지. 그 덕분에 어머니의 병이 씻은 듯이 나았대. 정말 감동적이지?

정답 氷, 鯉

 사다리를 타고 도착한 곳에 들어갈 말을 <보기>에서 찾아 써 보세요.

| 부생아신 | 이의온아 | 위인자자 | 설리구순 |

〈보기〉 모국오신   맹종지효   갈불위효   이식포아

낱말 퍼즐

힌트를 읽고 낱말 퍼즐을 풀어 보세요.

가로 힌트

① ○○의 자식 된 자가 어찌 효도를 하지 않을까.

③ 한 번이라도 ○○님을 속이면 그 죄가 산과 같다.

④ 얼음을 깨고 ○○를 얻은 것은 왕상의 효도다.

⑥ 나갈 때는 ○○○ 알리고, 돌아오면 ○○○ 뵈어라.

세로 힌트

① 부모님이 ○○해 주시면 기뻐하고 잊지 말아라.

② 몸과 머리털과 ○○를 훼손하지 말고 상하게 하지 말아라.

⑤ 아버지 내 몸을 낳으시고 ○○○ 내 몸을 기르셨다.

⑥ 부모님이 꾸짖으시면 ○○하고 원망하지 말아라.

형제兄弟 편

하나뿐인 형제자매

형 체 수 이 / 소 수 일 혈
形 體 雖 異 / 素 受 一 血

생김새는 비록 다르지만
본래 한 핏줄을 받았다.

 뜻을 생각하며 바르게 따라 써 보세요.

形	體	雖	異	素	受	一	血
모양 형	몸 체	비록 수	다를 이	본디 소	받을 수	한 일	피 혈

생김새는 비록 다르지만 본래 한 핏줄을 받았다.

 빈칸에 알맞은 번호를 넣어 '형체수이 소수일혈'의 뜻을 완성시켜 볼까요?

( )는 ( ) 다르지만 본래 ( ) 핏줄을 ( ).

❶ 한   ❷ 생김새   ❸ 비록   ❹ 받았다

형과 남동생을 형제, 언니와 여동생을 자매, 오빠와 여동생 또는 누나와 남동생을 남매라고 해. 그런데 형제는 이를 통틀어 이르는 말이기도 해. 부모님 다음으로 누구보다 가까운 사이가 바로 형제 아닐까?

정답 ②, ③, ①, ④

49

형우제공 兄友弟恭 불감원노 不敢怨怒

형은 우애하고 아우는 공손하여
감히 원망하거나 화내지 말아라.

 뜻을 생각하며 바르게 따라 써 보세요.

兄	友	弟	恭		不	敢	怨	怒
형 형	우애할 우	아우 제	공손할 공		아닐 불	감히 감	원망할 원	성낼 노

　형은　우애하고　아우는　공
손하여　감히　원망하거나　화
내지　말아라.

 '형우제공 불감원노'와 어울리는 상황에 ✔ 표시를 해 볼까요?

 ❶ 최고 형이 내 간식을 빼앗아 먹어서 화가 났어!　( )

 ❷ 최고 형은 내가 잘못을 저질렀어도 너그러이 아끼고 사랑해 줬어.　( )

 **천재의 한마디** 형제자매는 평생 함께하는 가족이지만 그만큼 다툴 때도 많아. 하지만 서로 아끼고 배려한다면 세상에서 가장 친한 친구 사이가 될 수 있을 거야.

정답 ②

형제이이 행즉안행
兄弟怡怡　行則雁行

형제는 서로 화합해서
길을 갈 때 기러기 떼처럼 가라.

♥ 화합하다 : 화목하게 어울리다.

 뜻을 생각하며 바르게 따라 써 보세요.

兄	弟	怡	怡		行	則	雁	行
형 형	아우 제	기쁠 이	기쁠 이		갈 행	곧 즉	기러기 안	갈 행

형제는 서로 화합해서 길을 갈 때 기러기 떼처럼 가라.

 다음 문장들에서 밑줄 친 단어를 뜻하는 한자를 적어 볼까요?

- 천재가 **기쁜** 이유는 내일 소풍을 가기 때문이다.
- 엄마는 천재가 스스로 공부를 해서 무척 **기뻤다**.

 기러기는 나란히 줄지어 날아다니는 새야. 그래서 사이좋은 형제자매를 기러기 같다고 해. 기러기처럼 어디든 함께 다니고 서로를 챙겨야 우애 좋은 형제자매라 할 수 있겠지?

정답 怡

침 즉 연 금 식 즉 동 상
寢 則 連 衾 食 則 同 牀

잘 때는 이불을 나란히 덮고
먹을 때는 한 밥상에서 먹어라.

 뜻을 생각하며 바르게 따라 써 보세요.

寢	則	連	衾		食	則	同	牀
잘 침	곧 즉	잇닿을 연	이불 금		먹을 식	곧 즉	한가지 동	평상 상

　잘 때는 이불을 나란히 덮고 먹을 때는 한 밥상에서 먹어라.

 다음 문장에서 틀린 부분을 찾아 바르게 고쳐 써 볼까요?

침즉연금 식즉동상은
❶ 잘 때는 ❷ 이불을 나란히 덮고
❸ 먹을 때는 ❹ 다른 밥상에서 먹으란 뜻이다.

(　　　　　　)

 형제자매는 한집에 살면서 같은 이불을 덮고, 같은 밥상에서 밥을 먹는 사이야. 뭐든 함께하며 시간을 보내니 친해질 수밖에 없겠지?

정답 ④ 한

일배지수 필분이음
一杯之水 必分而飮

한 잔의 물이라도
반드시 나누어 마셔라.

하나뿐인 형제자매

 뜻을 생각하며 바르게 따라 써 보세요.

一	杯	之	水
한 일	잔 배	어조사 지	물 수

必	分	而	飮
반드시 필	나눌 분	말이을 이	마실 음

한 잔의 물이라도 반드시 나누어 마셔라.

 '일배지수 필분이음'과 어울리는 상황에 ✔ 표시를 해 볼까요?

❶  목이 너무 말랐지만 음료수 한 잔을 형과 나누어 마셨어. ( )

❷ 형이 나누어 달라고 할까 봐 얼른 음료수를 다 마셔 버렸어. ( )

 형이 옷이 없으면 아우가 옷을 주고, 아우가 음식이 없으면 형이 음식을 주라는 사자소학도 있어. 형과 아우는 이렇게 서로를 생각하며 부족한 걸 잘 챙겨 주어야 해.

정답 ①

57

일립지식 / 필분이식
一 粒 之 食 / 必 分 而 食

한 알의 음식이라도
반드시 나누어 먹어라.

 뜻을 생각하며 바르게 따라 써 보세요.

一	粒	之	食
한 일	낟알 립	어조사 지	밥 식

必	分	而	食
반드시 필	나눌 분	말이을 이	먹을 식

한 알의 음식이라도 반드시 나누어 먹어라.

 '일립지식 필분이식'에서 두 번 쓰인 한자를 찾아 적어 볼까요?

천재의 한마디
서로 맛있는 걸 더 먹겠다고 싸운 적 있어? 나누어 주고 싶지 않아서 혼자 몰래 먹은 적은? 그럼 안 돼. 형제자매는 서로 콩 한 쪽이라도 나누어 먹을 만큼 뭐든 나누면서 살아야 하니까.

정답 食

23일째

월 일 요일

형수책아 막감항노
兄雖責我 莫敢抗怒

형이 비록 나를 꾸짖더라도
감히 반항하거나 화내지 말아라.

 뜻을 생각하며 바르게 따라 써 보세요.

兄	雖	責	我
형 형	비록 수	꾸짖을 책	나 아

莫	敢	抗	怒
말 막	감히 감	항거할 항	성낼 노

형이 비록 나를 꾸짖더라도 감히 반항하거나 화내지 말아라.

 빈칸에 알맞은 번호를 넣어 '형수책아 막감항노'의 뜻을 완성시켜 볼까요?

(　　)이 (　　) 나를 (　　) 감히 반항하거나 (　　) 말아라.

❶ 화내지　❷ 꾸짖더라도　❸ 형　❹ 비록

형은 나보다 먼저 태어났고, 나보다 더 많이 배웠기 때문에 본받을 점이 많아. 그러니 '형만 한 아우 없다'는 속담도 생겼겠지? 형이 내 잘못을 고쳐 주려고 할 땐 화내지 말고 나를 되돌아보는 건 어떨까?

정답 ③, ④, ②, ①

제 수 유 과　　수 물 성 책
弟 雖 有 過　　須 勿 聲 責

아우에게 비록 잘못이 있더라도
모름지기 큰소리로 꾸짖지 말아라.

♥ **모름지기** : 마땅히 또는 반드시.

 뜻을 생각하며 바르게 따라 써 보세요.

弟	雖	有	過	須	勿	聲	責
아우 제	비록 수	있을 유	잘못 과	모름지기 수	말 물	소리 성	꾸짖을 책

아우에게 비록 잘못이 있 더라도 모름지기 큰 소리로 꾸짖지 말아라.

 '제수유과 수물성책'과 어울리는 상황에 ✓ 표시를 해 볼까요?

 ❶ 내가 형의 공책을 실수로 찢었지만 형은 화내지 않았어. ( )

 ❷ 형이 내 연필을 잃어버리고 오리발을 내밀었어. ( )

 **천재의 한마디** 동생은 형의 행동을 자신도 모르게 따라 하는 경우가 많아. 그러니까 행동할 때 항상 동생의 모범이 되도록 노력하고, 동생이 잘못했을 땐 화내는 대신 올바르게 가르쳐 주어야 해.

정답 ①

형제유선 필예우외
兄弟有善 必譽于外

형제간에 착한 일이 있으면
반드시 밖에서 칭찬해라.

 뜻을 생각하며 바르게 따라 써 보세요.

兄	弟	有	善	必	譽	于	外
형 형	아우 제	있을 유	착할 선	반드시 필	칭찬할 예	어조사 우	바깥 외

　형제간에　착한　일이　있으
면　반드시　밖에서　칭찬해라.

 다음 중 '형'을 뜻하는 한자에 ◯, '아우'를 뜻하는 한자에 △를 표시해 볼까요?

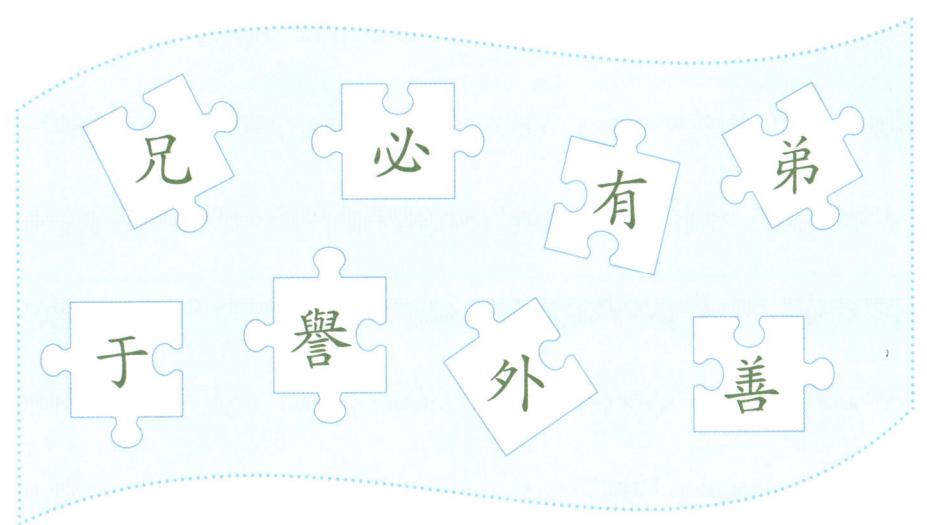

 천재의 한마디

형제자매가 칭찬 받을 일을 했을 때, 내가 다 뿌듯했던 경험이 있지? 그럴 땐 부끄러워하지 말고 아낌없이 형제자매를 칭찬해 주자!

정답　◯: 兄　△: 弟

형제유난 민이사구
兄弟有難 悶而思救

형제간에 어려운 일이 있으면
근심하고 구원할 것을 생각해라.

💚 **구원하다** : 어려움에 빠진 사람을 구하다.

 뜻을 생각하며 바르게 따라 써 보세요.

兄	弟	有	難	悶	而	思	救
형 형	아우 제	있을 유	어려울 난	근심할 민	말이을 이	생각 사	구원할 구

형제간에 어려운 일이 있으면 근심하고 구원할 것을 생각해라.

 다음 문장에서 틀린 부분을 찾아 바르게 고쳐 써 볼까요?

형제유난 민이사구는
① 형제간에 ② 즐거운 일이 있으면
③ 근심하고 ④ 구원할 것을 생각하라는 뜻이다.

( )

 형제자매에게 어려운 일이 생기면 내 일이 아니더라도 신경 쓰이고 걱정될 거야. 그럴 때 모른 척하지 말고 내가 어떻게 도울 수 있을지 생각해 보는 건 어떨까? 힘을 합치면 어떤 어려운 일도 해결할 수 있다고!

정답 ② 어려운

아유환락 형제역락
我 有 歡 樂   兄 弟 亦 樂

나에게 기쁨과 즐거움이 있으면
형제 또한 즐거워한다.

 뜻을 생각하며 바르게 따라 써 보세요.

我	有	歡	樂
나 아	있을 유	기쁠 환	즐거울 락

兄	弟	亦	樂
형 형	아우 제	또 역	즐거울 락

나에게 기쁨과 즐거움이 있으면 형제 또한 즐거워한다.

 '아유환락 형제역락'과 어울리는 상황에 ✔ 표시를 해 볼까요?

 ❶ 내가 용돈을 받자 형이 조금만 달라고 졸랐어. ( )

 ❷ 내가 피아노 대회에서 1등을 하자 형이 손뼉을 치며 좋아했어. ( )

 나의 행복은 곧 가족의 행복이야. 내가 웃으면 가족도 웃고, 내가 울면 가족도 울어. 우리 가족의 행복을 위해 웃을 일을 많이 만들면 좋겠지?

아 유 우 환   형 제 역 우
我 有 憂 患   兄 弟 亦 憂

나에게 근심과 걱정이 있으면
형제 또한 걱정한다.

● 근심 : 해결되지 않은 일로 속을 태움.

 뜻을 생각하며 바르게 따라 써 보세요.

我	有	憂	患	兄	弟	亦	憂
나 아	있을 유	근심 우	근심 환	형 형	아우 제	또 역	근심 우

나에게 근심과 걱정이 있
으면 형제 또한 걱정한다.

 빈칸에 알맞은 번호를 넣어 '아유우환 형제역우'의 뜻을 완성시켜 볼까요?

(　　)에게 (　　)과 걱정이 있으면
(　　) 또한 (　　)한다.

❶ 나　　❷ 형제　　❸ 걱정　　❹ 근심

나에게 걱정거리가 생겼을 때, 형제자매는 마치 자기 일처럼 함께 걱정해 줘. 그런 형제자매에게 어떤 감사의 말을 전할지 생각해 볼까?

정답 ①, ④, ②, ③

29일째

형제화목　부모희지
兄弟和睦　父母喜之

형제가 화목하면
부모님께서 기뻐하신다.

💚 화목 : 서로 뜻이 맞고 정다움.

뜻을 생각하며 바르게 따라 써 보세요.

兄	弟	和	睦	父	母	喜	之
형 형	아우 제	화할 화	화목할 목	아버지 부	어머니 모	기쁠 희	이것 지

형제가 화목하면 부모님께서 기뻐하신다.

'형제화목 부모희지'와 어울리는 상황에 ✔ 표시를 해 볼까요?

❶ 형과 사이좋게 지냈더니 엄마가 흐뭇해하셨어. ( )

❷ 형과 나눠 먹을 간식을 혼자 먹었다고 엄마한테 혼났어. ( )

천재의 한마디
형제자매와 화목할 때 부모님의 표정을 본 적 있어? 아마 기뻐하셨을 거야. 부모님께 가장 큰 효도는 형제자매끼리 싸우지 않고, 사이좋게 지내는 거거든. 그럼 오늘부터 가장 큰 효도를 실천해 볼까?

정답 ①

쉬어 가기 2
길 찾기

천재가 또 늦잠을 잤어요! 최고 형이랑 만나기로 약속했는데 말이에요. 제시간에 도착할 수 있도록 힌트를 보고 올바른 사자소학을 찾아 미로를 통과해 보세요.

① **형체수이** ○○○○ : 생김새는 비록 다르지만 본래 한 핏줄을 받았다.

② **형우제공** ○○○○ : 형은 우애하고 아우는 공손하여 감히 원망하거나 화내지 말아라.

③ **형제이이** ○○○○ : 형제는 서로 화합해서 길을 갈 때 기러기 떼처럼 가라.

④ **침즉연금** ○○○○ : 잘 때는 이불을 나란히 덮고 먹을 때는 한 밥상에서 먹어라.

⑤ **형제화목** ○○○○ : 형제가 화목하면 부모님께서 기뻐하신다.

3장

사제師弟 · 경장敬長 편

존경하는 스승과 어른

30일째

월   일   요일

사 사 여 친   필 공 필 경
事 師 如 親   必 恭 必 敬

선생님을 부모님처럼 섬기고
반드시 공손하고 공경해라.

💙 **섬기다** : 윗사람을 잘 모시어 받들다.

78 존경하는 스승과 어른

 뜻을 생각하며 바르게 따라 써 보세요.

事	師	如	親	必	恭	必	敬
섬길 사	스승 사	같을 여	어버이 친	반드시 필	공손할 공	반드시 필	공경할 경

선생님을 부모님처럼 섬기고 반드시 공손하고 공경해라.

 다음 중 '선생님'을 뜻하는 한자에 ◯를 표시해 볼까요?

 나를 낳고 키워 주신 부모님의 은혜만큼 나를 가르쳐 주신 선생님의 은혜도 커. 그러니 부모님께 하듯 선생님께도 은혜를 보답해야 한다는 뜻이야. 절대 집에서 하듯 말썽 부리면 안 돼!

정답 師

선생시교　　제자시칙

선생님이 가르침을 베푸시면
제자들은 이것을 본받아라.

 뜻을 생각하며 바르게 따라 써 보세요.

先	生	施	教	弟	子	是	則
먼저 선	날 생	베풀 시	가르칠 교	아우 제	아들 자	이 시	본받을 칙

선생님이 가르침을 베푸시면 제자들은 이것을 본받아라.

 '선생시교 제자시칙'과 어울리는 상황에 ✓표시를 해 볼까요?

① 선생님이 내 주신 숙제를 내일로 미뤄야지. (　)

② 선생님이 가르쳐 주신 대로 교통질서를 잘 지킬 거야. (　)

천재의 한마디: 우리는 선생님께 공부뿐만 아니라 인생에 필요한 지혜와 예절 등도 배워. 그 덕분에 우리는 쑥쑥 자라고 있어. 그러니 항상 선생님께 감사하는 마음을 가져야겠지?

숙흥야매 물라독서
夙興夜寐 勿懶讀書

일찍 일어나고 밤늦게 자서
책 읽기를 게을리하지 말아라.

 뜻을 생각하며 바르게 따라 써 보세요.

夙	興	夜	寐		勿	懶	讀	書
일찍 숙	일어날 흥	밤 야	잘 매		말 물	게으를 라	읽을 독	글 서

일찍 일어나고 밤늦게 자서 책 읽기를 게을리하지 말아라.

 다음 문장에서 틀린 부분을 찾아 바르게 고쳐 써 볼까요?

숙흥야매 물라독서는

① 일찍 일어나고 ② 밤늦게 자서

③ 책 읽기를 ④ 열심히 하지 말라는 뜻이다.

(   )

밤늦게 자라니 참 좋다고? 이 말은 밤늦게까지 TV나 스마트폰을 보면서 놀라는 게 아니야. 그만큼 시간을 잘 활용해서 부지런히 책을 읽으라는 뜻이지.

정답 ④ 게을리

근면공부 부모열지
勤 勉 工 夫 父 母 悅 之

공부에 부지런히 힘쓰면
부모님이 기뻐하신다.

 뜻을 생각하며 바르게 따라 써 보세요.

勤	勉	工	夫
부지런할 근	힘쓸 면	장인 공	남편 부

父	母	悅	之
아버지 부	어머니 모	기쁠 열	이것 지

공부에 부지런히 힘쓰면
부모님이 기뻐하신다.

 그림과 한자를 맞게 연결해 볼까요?

 부모님은 우리에게 항상 '공부 좀 해!'라고 잔소리하셔. 잔소리를 듣기 전에 스스로 공부한다면 부모님이 정말 좋아하시겠지? 그것이 바로 효도 아니겠어?

능지능행 / 총시사공
能 知 能 行 / 總 是 師 功

능히 알고 능히 행동하는 것은
다 스승의 공이다.

♥ 능히 : 능력이 있어서 쉽게.

 뜻을 생각하며 바르게 따라 써 보세요.

能	知	能	行	總	是	師	功
능할 능	알 지	능할 능	행할 행	다 총	이 시	스승 사	공 공

능히 알고 능히 행동하는 것은 다 스승의 공이다.

 '능지능행 총시사공'과 어울리는 상황에 ✔ 표시를 해 볼까요?

 ❶ 수학 시험에서 100점을 맞은 건 다 선생님의 수업 덕분이야. ( )

 ❷ 길에서 선생님과 마주쳤는데 부끄러워서 얼른 도망갔어. ( )

 선생님은 우리에게 늘 좋은 가르침을 주려고 애쓰셔. 그러니 선생님의 소중한 말씀을 놓치지 않게 귀를 쫑긋 세워야겠지? 그 후에 배운 걸 몸에 익히고, 잊지 않도록 열심히 노력하는 것도 중요해!

정답 ①

87

시습문자   자획해정
始習文字   字劃楷正

처음 문자를 익힐 때는
글자의 획을 바르게 써라.

뜻을 생각하며 바르게 따라 써 보세요.

始	習	文	字	字	劃	楷	正
처음 시	익힐 습	글월 문	글자 자	글자 자	그을 획	바를 해	바를 정

처음 문자를 익힐 때는
글자의 획을 바르게 써라.

빈칸에 알맞은 번호를 넣어 '시습문자 자획해정'의 뜻을 완성시켜 볼까요?

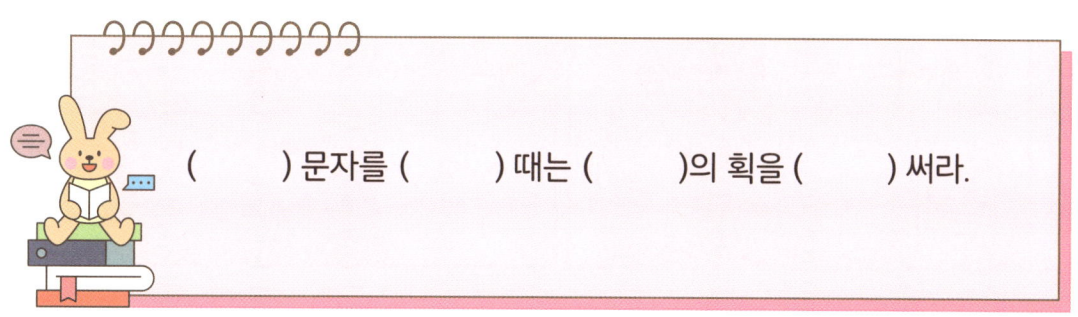

(   ) 문자를 (   ) 때는 (   )의 획을 (   ) 써라.

① 처음　② 글자　③ 바르게　④ 익힐

습관은 쉽게 바뀌지 않아. 그러니 무슨 일이든 처음부터 습관을 잘 들여야 해. 배움도 마찬가지야. 첫 글자 쓰기를 배울 때부터 또박또박 바르게 쓴다면, 평생 예쁜 글씨를 가질 수 있어.

정답 ①, ④, ②, ③

36일째

월　　　　일　　　　요일

서책랑자　　매필정돈
書冊狼藉　　每必整頓

책이 어지럽게 흩어져 있으면
항상 반드시 정돈해라.

 뜻을 생각하며 바르게 따라 써 보세요.

書	冊	狼	藉	每	必	整	頓
글 서	책 책	어지러울 랑	깔 자	항상 매	반드시 필	정리할 정	정돈할 돈

책이 어지럽게 흩어져 있
으면 항상 반드시 정돈해라.

 다음 그림에 어울리는 한자를 적어 볼까요?

 어지럽혀진 책상을 보면, 공부하기도 싫고 자꾸 딴짓하고 싶어져. 반대로 책상이 깨끗하면, 저절로 앉고 싶어지고 공부에 집중도 잘 돼. 지금 책상을 깔끔하게 정리 정돈해 볼까?

정답 狼, 冊

장 자 자 유   유 자 경 장
長 者 慈 幼   幼 者 敬 長

어른은 어린이를 사랑하고
어린이는 어른을 공경해라.

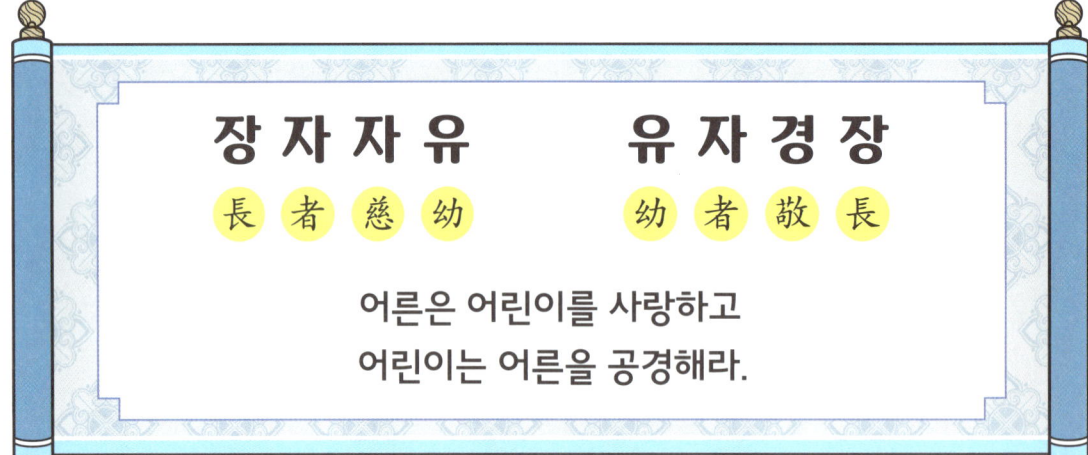

 뜻을 생각하며 바르게 따라 써 보세요.

長	者	慈	幼
어른 장	사람 자	사랑할 자	어릴 유

幼	者	敬	長
어릴 유	사람 자	공경할 경	어른 장

어른은 어린이를 사랑하고
어린이는 어른을 공경해라.

 '장자자유 유자경장'과 어울리는 상황에 ✔ 표시를 해 볼까요?

①  이웃집 아저씨에게 공손하게 인사했어.   (   )

② 이웃집 아저씨는 나만 보면 늘 잔소리하셔.   (   )

천재의 한마디

어른들이 우리가 어리다고 무시할 땐 정말 기분이 나빠. 반대로 어른들도 우리가 버릇없이 행동하면 화가 날 거야. 어른과 어린이는 서로 배려하고 예의를 지켜야 해.

장자지전   진퇴필공
長者之前   進退必恭

어른 앞에서
나아가고 물러날 때 반드시 공손해라.

 뜻을 생각하며 바르게 따라 써 보세요.

長	者	之	前	進	退	必	恭
어른 장	사람 자	어조사 지	앞 전	나아갈 진	물러날 퇴	반드시 필	공손할 공

어른 앞에서 나아가고 물러날 때 반드시 공손해라.

 다음 문장에서 틀린 부분을 찾아 바르게 고쳐 써 볼까요?

장자지전 진퇴필공은
① 아이 앞에서 ② 나아가고
③ 물러날 때 반드시 ④ 공손하라는 뜻이다.

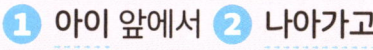

(   )

 웃어른 앞에서는 반드시 지켜야 하는 예절이 있어. 어른을 만나거나 헤어질 땐 꼭 공손하게 인사를 드리는 거 잊지 말자!

정답 ① 어른

아경인친   인경아친
我 敬 人 親   人 敬 我 親

내가 다른 사람의 부모님을 공경하면
다른 사람도 내 부모님을 공경한다.

 뜻을 생각하며 바르게 따라 써 보세요.

我	敬	人	親
나 아	공경할 경	사람 인	어버이 친

人	敬	我	親
사람 인	공경할 경	나 아	어버이 친

내가 다른 사람의 부모님을 공경하면 다른 사람도 내 부모님을 공경한다.

 그림과 한자를 맞게 연결해 볼까요?

   •   •

   •   •

 가는 말이 고와야 오는 말이 곱다는 속담 알지? 내가 친구의 부모님을 공경하면 친구 역시 내 부모님을 공경할 거야.

97

빈객래방   접대필성
賓客來訪   接待必誠

손님이 찾아오면
반드시 정성스럽게 접대해라.

💙 **접대하다**: 손님을 맞아서 시중을 들다.

 뜻을 생각하며 바르게 따라 써 보세요.

賓	客	來	訪
손 빈	손 객	올 래	찾을 방

接	待	必	誠
대접할 접	대접할 대	반드시 필	정성 성

　손님이　찾아오면　반드시
정성스럽게　접대해라.

 '빈객래방 접대필성'과 어울리는 상황에 ✔표시를 해 볼까요?

 ❶ 할머니가 집에 오셔서 용돈을 주고 가셨어. （　）

 ❷ 할머니가 집에 오신다고 해서 맛있는 약과를 준비했어. （　）

 만약 손님이 찾아왔는데 집이 어지럽거나 전혀 준비가 되어있지 않으면, 손님은 어떤 기분이 들까? 다시 놀러 오고 싶지 않을 거야. 그러니 손님이 올 예정이라면 미리 준비해서 정성스레 대접하자.

정답 ②

천재 가족들의 대화를 읽고, 아래 낱말 표에서 해당하는 사자소학을 찾아 색칠해 보세요.

엄마, 아빠! 오늘 숙제는 가족들과 사자소학 한 구절씩 말하는 거예요~

우선, 제가 먼저 말해 볼게요!

ㅅㅅㅇㅊ 필공필경! 선생님을 부모님처럼 섬기고 반드시 공손하고 공경하라는 뜻이죠!

시습문자 ㅈㅎㅎㅈ! 처음 문자를 익힐 때는 글자의 획을 바르게 쓰라는 말도 있어.

아경인친 ㅇㄱㅇㅊ! 내가 다른 사람의 부모님을 공경하면 다른 사람도 내 부모님을 공경한대.

강	전	서	책	인
자	장	매	랑	경
획	돈	필	자	아
해	사	사	여	친
정	행	자	지	능

다음 중, 스승·웃어른과 관련된 사자소학의 가르침에 맞지 않은 행동을 한 사람을 찾아보세요.

붕우朋友 편

소중한 나의 친구

인 지 재 세 　 불 가 무 우
人 之 在 世 　 不 可 無 友

사람이 세상을 살아가면서
친구가 없을 수 없다.

 뜻을 생각하며 바르게 따라 써 보세요.

人	之	在	世
사람 인	어조사 지	있을 재	세상 세

不	可	無	友
아닐 불	옳을 가	없을 무	벗 우

　사람이　세상을　살아가면서
친구가　없을　수　없다.

 빈칸에 알맞은 번호를 넣어 '인지재세 불가무우'의 뜻을 완성시켜 볼까요?

(　　)이 (　　)을 살아가면서 (　　)가 없을 수 (　　).

❶ 세상　　❷ 없다　　❸ 친구　　❹ 사람

 꼭 나이가 같아야만 친구가 될 수 있는 건 아니야. 나이에 상관없이 서로 마음만 맞으면 누구나 친구가 될 수 있지. 나에겐 몇 명의 친구가 있는지 생각해 볼까?

정답 ④, ①, ③, ②

이문회우   이우보인
以 文 會 友   以 友 輔 仁

글로써 친구를 모으고
친구로써 어질게 됨을 도와라.

 뜻을 생각하며 바르게 따라 써 보세요.

以	文	會	友
써 이	글월 문	모을 회	벗 우

以	友	輔	仁
써 이	벗 우	도울 보	어질 인

글로써 친구를 모으고 친구로써 어질게 됨을 도와라.

 '이문회우 이우보인'과 어울리는 상황에 ✔ 표시를 해 볼까요?

❶  방과 후 독서 수업에서 마음이 잘 맞는 친구를 사귀었어. ( )

❷  친구가 숙제를 안 했길래 나도 내일부턴 안 하기로 했어. ( )

 글로써 친구를 모으란 말은 공부하며 친구를 사귀고 서로 도움을 주라는 뜻이야. 아무래도 게임방에서 친해졌다면 만나서 게임만 하게 될지도 몰라!

정답 ①

우 기 정 인 　 아 역 자 정
友 其 正 人 　 我 亦 自 正

그 바른 사람과 벗하면
나 또한 저절로 바르게 된다.

 뜻을 생각하며 바르게 따라 써 보세요.

友	其	正	人		我	亦	自	正
벗 우	그 기	바를 정	사람 인		나 아	또 역	스스로 자	바를 정

그 바른 사람과 벗하면
나 또한 저절로 바르게 된
다.

 다음 문장들에서 밑줄 친 단어를 뜻하는 한자를 적어 볼까요?

- 독서할 때는 항상 **바른** 자세로 해야 한다.
- 무엇보다 생각이 **바른** 어린이가 되어야 해.

 친구가 멋진 행동을 하면 나도 어쩐지 멋지게 행동하고 싶어지지 않아? 그래서 친한 친구끼리는 점점 닮아가나 봐. 친구의 좋은 모습이 있으면 칭찬해 주고, 나도 그렇게 행동해 보자.

정답 正

종유사인 아역자사
從遊邪人 我亦自邪

간사한 사람을 따라서 놀면
나 또한 저절로 간사해진다.

❤ **간사하다** : 자신의 이익을 위해 나쁜 꾀를 부리다.

 뜻을 생각하며 바르게 따라 써 보세요.

從	遊	邪	人
따를 종	놀 유	간사할 사	사람 인

我	亦	自	邪
나 아	또 역	스스로 자	간사할 사

　　간사한　사람을　따라서　놀
면　나　또한　저절로　간사해
진다.

 다음 문장에서 틀린 부분을 찾아 바르게 고쳐 써 볼까요?

종유사인 아역자사는

❶ 간사한 사람을 따라서 ❷ 놀면

나 또한 ❸ 억지로 ❹ 간사해진다는 뜻이다.

(　　　　　　　　　　)

 먹을 가까이하면 검어진다는 속담이 있어. 먹을 만지면 손이 까맣게 물들 듯 나쁜 친구와 함께하면 자연스레 그 모습에 물든다는 거야. 그러니 좋은 친구를 사귀고, 나 역시 누군가에게 좋은 친구가 되어야겠지?

정답　❸ 저절로

45일째

붕우유과 충고선도
朋友有過 忠告善導

친구가 잘못이 있으면
충고하여 착하게 이끌어라.

 뜻을 생각하며 바르게 따라 써 보세요.

朋	友	有	過		忠	告	善	導
벗 붕	벗 우	있을 유	잘못 과		충성 충	알릴 고	착할 선	이끌 도

　　친구가　잘못이　있으면　충
고하여　착하게　이끌어라.

 다음 중 '친구'를 뜻하는 두 개의 한자에 ◯를 표시해 볼까요?

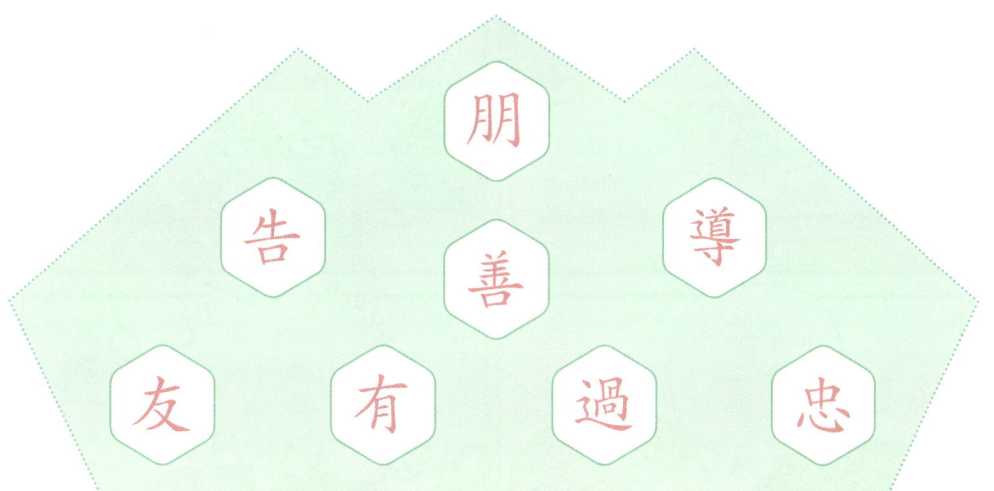

 만약 잘못을 저질렀을 때, 바른길로 이끌어 주는 친구가 한 명이라도 있다면 절대 나쁜 길로 빠지지 않을 거야. 나 역시 친구를 바른길로 이끌 수 있도록 노력해야겠지?

정답　朋, 友

인무책우 이함불의
人無責友　易陷不義

사람이 꾸짖어 주는 친구가 없으면
옳지 못한 데 빠지기 쉽다.

 뜻을 생각하며 바르게 따라 써 보세요.

人	無	責	友
사람 인	없을 무	꾸짖을 책	벗 우

易	陷	不	義
쉬울 이	빠질 함	아닐 불	옳을 의

사람이 꾸짖어 주는 친구가 없으면 옳지 못한 데 빠지기 쉽다.

 '인무책우 이함불의'와 어울리는 상황에 ✔ 표시를 해 볼까요?

❶  친구가 치킨을 먹었다고 자랑해서 나도 치킨을 시켜 달라고 엄마에게 졸랐어. (   )

❷  숙제를 자꾸만 미루는 친구에게 그러면 안 된다고 말해 주었어. (   )

 좋은 말을 하기는 쉽지만, 쓴소리를 해 주는 건 어려운 일이야. 쓴소리를 해 주는 친구는 정말 나를 위하는 친구니까 소중히 생각하도록 해!

47일째

월   일   요일

면찬아선   첨유지인
面讚我善   諂諛之人

대면하여 나를 착하다고 칭찬하면
아첨하는 사람이다.

💗 **대면하다** : 서로의 얼굴을 마주 보고 대하다.

소중한 나의 친구

 뜻을 생각하며 바르게 따라 써 보세요.

面	讚	我	善
낯 면	기릴 찬	나 아	착할 선

諂	諛	之	人
아첨할 첨	아첨할 유	어조사 지	사람 인

대면하여 나를 착하다고
칭찬하면 아첨하는 사람이다.

 빈칸에 알맞은 번호를 넣어 '면찬아선 첨유지인'의 뜻을 완성시켜 볼까요?

( )하여 나를 ( )고 ( )하면
( )하는 사람이다.

❶ 대면   ❷ 칭찬   ❸ 아첨   ❹ 착하다

 누군가 나에게 칭찬만 해 준다면 기분이 좋을 거야. 하지만 자꾸 칭찬만 듣게 되면 무조건 내가 옳고 잘한다는 착각에 빠지기 쉬워. 그러니까 칭찬만 해 주는 사람을 조심해!

정답 ①, ④, ②, ③

면책아과 강직지인
面責我過 剛直之人

대면하여 나의 잘못을 꾸짖으면
굳세고 정직한 사람이다.

 뜻을 생각하며 바르게 따라 써 보세요.

面	責	我	過		剛	直	之	人
낯 면	꾸짖을 책	나 아	잘못 과		굳셀 강	곧을 직	어조사 지	사람 인

대면하여 나의 잘못을 꾸짖으면 굳세고 정직한 사람이다.

 '면책아과 강직지인'과 어울리는 상황에 ✔ 표시를 해 볼까요?

 ① 길가의 꽃을 마구 꺾는 친구에게 용기를 내어 그러지 말라고 충고했어. ( )

 ② 빨간 불에 길을 건너는 친구를 보고 모른 척했어. ( )

 **천재의 한마디** 친구가 나의 잘못된 행동을 지적하면 기분이 상할 거야. 하지만 내가 잘못을 고치길 바라는 마음에 용기를 내어 한 말이라면, 나 자신을 한번 돌아보는 게 어떨까?

언이불신 言而不信　　비직지우 非直之友

말이 믿음직스럽지 못하면 정직한 벗이 아니다.

 뜻을 생각하며 바르게 따라 써 보세요.

言	而	不	信
말씀 언	말이을 이	아닐 불	믿을 신

非	直	之	友
아닐 비	곧을 직	어조사 지	벗 우

말이 믿음직스럽지 못하면
정직한 벗이 아니다.

 다음 중 '아니다'를 뜻하는 두 개의 한자에 ◯를 표시해 볼까요?

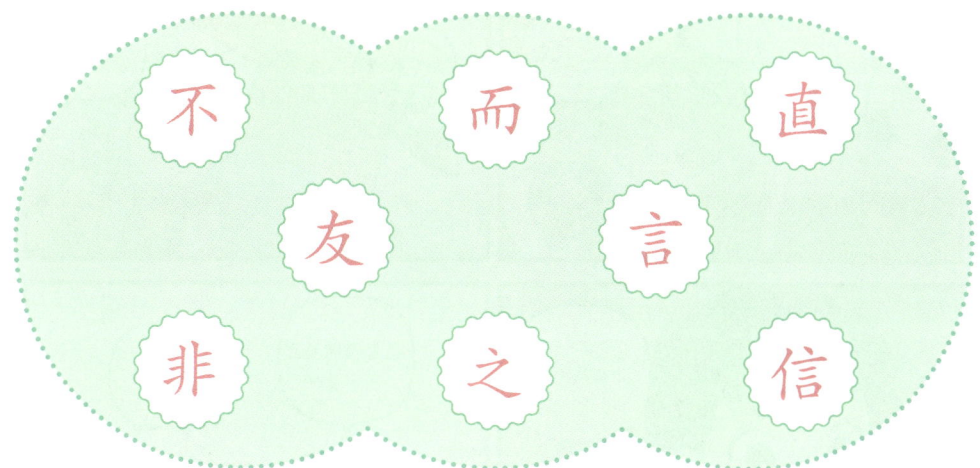

 친구가 자꾸 거짓말한다면 더는 친구를 믿지 못할 거야. 친구 사이에는 믿음이 중요하거든. 그러니까 친구에겐 항상 솔직하고 정직하게 말하고 행동해야 해.

정답 不, 非

월　　일　　요일

견선종지　　지과필개
見善從之　　知過必改

착한 것을 보면 따르고
잘못을 알면 반드시 고쳐라.

 뜻을 생각하며 바르게 따라 써 보세요.

見	善	從	之		知	過	必	改
볼 견	착할 선	따를 종	이것 지		알 지	잘못 과	반드시 필	고칠 개

착한 것을 보면 따르고
잘못을 알면 반드시 고쳐라.

 다음 문장에서 틀린 부분을 찾아 바르게 고쳐 써 볼까요?

견선종지 지과필개는
① 착한 것을 보면 ② 따르고
③ 잘못을 알면 반드시 ④ 사과하라는 뜻이다.

( )

'유유상종'이라는 말, 들어 봤어? '유유상종'은 비슷한 친구들끼리 주로 어울린다는 뜻이야. 서로 좋은 건 따르고 나쁜 건 고쳐 나간다면 누구나 부러워하는 친구 사이가 될 수 있겠지?

정답 ④ 고치라

쉬어 가기 4 OX 퀴즈

천재와 친구들이 OX 퀴즈 대회에 참가하게 되었어요! 이번 대회에서는 제시어와 관련된 문제가 나온대요. 문제를 읽고 맞으면 O, 틀리면 X를 표시해 보세요.

친구

① 제시어와 어울리는 한자는 友 이다 O X

② '인지재세 불가무우'는 사람이 세상을 살아가면서 친구가 없을 수 있다는 뜻이다. O X

③ '바른 사람과 벗하면 나도 저절로 바르게 되고 간사한 사람과 놀면 나도 저절로 간사해진다.'는 옛말이 있다. O X

편지 완성하기 빈칸을 채워서 편지를 완성해 보세요.

미소야! 안녕?

난 너의 친구 천재야. 어제 수업 시간에 꾸벅꾸벅 조는 나를 보고 그러면 안 된다고 말해 줘서 고마워. 오늘 수업에 집중했더니 쪽지 시험에서 100점을 받았지 뭐야?

인무책☐ **이함불**☐ 라는 말, 알아?
한자로는 人無責友 易陷不義 라고 쓰는데,
☐☐ 이 꾸짖어 주는 친구가 없으면
옳지 못한 데 빠지기 ☐☐ 는 뜻이야.

난 너같이 좋은 친구가 있어서 절대 나쁜 길로 빠지지 않을 것 같아. 우리 앞으로도 정말 친하게 지내자!

보기
우, 이, 의, 동물, 사람, 쉽다, 어렵다

5장

수신修身·제가齊家 편

나와 가정, 올바른 마음가짐

족용필중　　수용필공
足容必重　　手容必恭

발 모양은 반드시 무겁게 하고
손 모양은 반드시 공손하게 해라.

 뜻을 생각하며 바르게 따라 써 보세요.

足	容	必	重
발 족	모양 용	반드시 필	무거울 중

手	容	必	恭
손 수	모양 용	반드시 필	공손할 공

발 모양은 반드시 무겁게 하고 손 모양은 반드시 공손하게 해라.

 다음 그림에 어울리는 한자를 적어 볼까요?

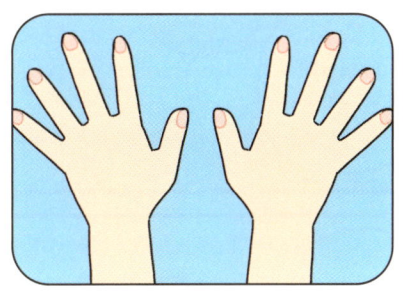

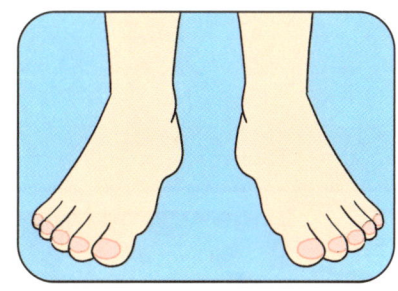

 발과 손을 마구 흔드는 사람을 보면 어때? 그 사람의 행동이 가벼워 보이거나 어수선한 느낌이 들 거야. 그래서 어른들은 신중하고, 예의있게 움직이라는 뜻에서 발은 무겁게, 손은 공손히 하라고 하셨어.

정답 手, 足

목용필단　　　구용필지
目 容 必 端　　　口 容 必 止

눈 모양은 반드시 바르게 하고
입 모양은 반드시 다물어야 한다.

 뜻을 생각하며 바르게 따라 써 보세요.

目	容	必	端
눈 목	모양 용	반드시 필	바를 단

口	容	必	止
입 구	모양 용	반드시 필	그칠 지

눈 모양은 반드시 바르게 하고 입 모양은 반드시 다물어야 한다.

 빈칸에 알맞은 번호를 넣어 '목용필단 구용필지'의 뜻을 완성시켜 볼까요?

(　) 모양은 반드시 (　) 하고
(　) 모양은 반드시 (　) 한다.

❶ 입   ❷ 바르게   ❸ 눈   ❹ 다물어야

화가 날 땐 저절로 눈을 흘기고 해서는 안 되는 말을 하기도 해. 표정과 말엔 사람의 마음이 담기기 때문이야. 그러니 언제든 눈은 초롱초롱하게, 입은 꼭 필요한 말만 신중하게 해야겠지?

정답 ③, ②, ①, ④

53일째

성용필정 두용필직
聲容必靜 頭容必直

목소리 모양은 반드시 조용하게 하고
머리 모양은 반드시 곧게 해라.

 뜻을 생각하며 바르게 따라 써 보세요.

聲	容	必	靜
소리 성	모양 용	반드시 필	고요할 정

頭	容	必	直
머리 두	모양 용	반드시 필	곧을 직

목소리 모양은 반드시 조용하게 하고 머리 모양은 반드시 곧게 해라.

 다음 중 '성용필정 두용필직'에서 두 번씩 나오는 한자를 찾아 ◯를 표시해 볼까요?

 차분한 목소리와 바른 자세에서 올바른 마음이 만들어져. 당당한 내 모습을 드러내기에도 좋지. 목소리는 시끄럽지 않도록, 머리는 삐딱하지 않도록 항상 신경 쓰자!

정답 容, 必

의사필문 　　분사필난
疑思必問 　　忿思必難

의심날 땐 반드시 물을 것을 생각하고
화날 땐 반드시 어려움을 생각해라.

 뜻을 생각하며 바르게 따라 써 보세요.

疑	思	必	問
의심할 의	생각할 사	반드시 필	물을 문

忿	思	必	難
성낼 분	생각할 사	반드시 필	어려울 난

의심날 땐 반드시 물을 것을 생각하고 화날 땐 반드시 어려움을 생각해라.

 '의사필문 분사필난'과 어울리는 상황에 ✔표시를 해 볼까요?

❶  친구한테 섭섭한 일이 있어서 바로 화를 냈다가 사이가 멀어졌어. ( )

❷  궁금한 수학 문제가 있어서 선생님께 얼른 여쭤 보았어. ( )

 의심이 생겨도 묻지 않으면 새로운 지식을 배울 기회가 사라지는 거야. 그리고 화가 날 때 무조건 싸우고 본다면 나중에 꼭 후회하는 일이 생기지. 명심하도록 해!

행필정직 (行必正直) 언즉신실 (言則信實)

행동은 반드시 정직해야 하고
말은 믿음직하고 진실해야 한다.

💜 정직 : 마음에 거짓 없이 바르고 곧음.

 뜻을 생각하며 바르게 따라 써 보세요.

行	必	正	直		言	則	信	實
행할 행	반드시 필	바를 정	곧을 직		말씀 언	곧 즉	믿을 신	참될 실

행동은 반드시 정직해야
하고 말은 믿음직하고 진실
해야 한다.

 다음 문장에서 틀린 부분을 찾아 바르게 고쳐 써 볼까요?

행필정직 언즉신실은

① 행동은 반드시 ② 정직해야 하고

③ 생각은 믿음직하고 ④ 진실해야 한다는 뜻이다.

( )

 말과 행동은 항상 정직하고 진실해야 해. 입으로는 약속을 잘 지키겠다고 해 놓고, 항상 약속을 어기는 친구라면 절대 믿을 수 없겠지?

용모단정 (容貌端正)   의관정제 (衣冠整齊)

용모는 단정하게 하고
의관은 가지런하게 해라.

♥ 용모 : 사람의 얼굴 모양.   ♥ 의관 : 갖추어 입는 옷차림.

 뜻을 생각하며 바르게 따라 써 보세요.

容	貌	端	正
얼굴 용	모양 모	바를 단	바를 정

衣	冠	整	齊
옷 의	갓 관	가지런할 정	가지런할 제

용모는 단정하게 하고 의관은 가지런하게 해라.

 그림과 한자를 맞게 연결해 볼까요?

 **천재의 한마디**

용모는 사람의 얼굴을, 의관은 옷차림을 말해. 세수도 하지 않고 지저분한 옷을 입고 학교에 간다고 생각해 봐. 친구들이 좋게 생각할 리 없겠지?

정답

수 신 제 가   치 국 지 본
修 身 齊 家   治 國 之 本

몸을 닦고 집안을 가지런히 하는 것은
나라를 다스리는 근본이다.

 뜻을 생각하며 바르게 따라 써 보세요.

修	身	齊	家
닦을 수	몸 신	가지런할 제	집 가

治	國	之	本
다스릴 치	나라 국	어조사 지	근본 본

　몸을 닦고 집안을 가지런히 하는 것은 나라를 다스리는 근본이다.

 '수신제가 치국지본'과 어울리는 상황에 ✔ 표시를 해 볼까요?

❶  목욕은 정말 귀찮아! ( )

❷  공부하기 전에 책상을 깨끗하게 정돈해야겠어. ( )

 자신을 갈고닦지 않고, 집안도 다스리지 못하는 사람에게 나라를 맡길 수 있을까? 무슨 일이든 자신과 주변을 다스리는 것에서 시작하는 거야. 그러니 항상 자신을 돌아보고, 주변을 잘 정돈해야겠지?

정답 ②　141

독서근검 기가지본
讀書勤儉 起家之本

책을 읽으며 부지런하고 검소한 것은
집안을 일으키는 근본이다.

 뜻을 생각하며 바르게 따라 써 보세요.

讀	書	勤	儉	起	家	之	本
읽을 독	글 서	부지런할 근	검소할 검	일어날 기	집 가	어조사 지	근본 본

　　책을 읽으며 부지런하고
검소한 것은 집안을 일으키
는 근본이다.

 빈칸에 알맞은 번호를 넣어 '독서근검 기가지본'의 뜻을 완성시켜 볼까요?

(　　)을 읽으며 부지런하고 (　　)한 것은
(　　)을 일으키는 (　　)이다.

❶ 근본　　❷ 검소　　❸ 책　　❹ 집안

 옛날엔 공부를 열심히 해서 과거 시험에 합격하고, 부지런하고 검소하게 살아야 집안을 일으킨다고 생각했어. 과거 시험은 사라졌지만, 독서와 부지런함, 검소함은 여전히 삶의 좋은 자세야.

정답 ③, ②, ④, ①

59일째

막담타단 미시기장
莫談他短 靡恃己長

남의 단점을 말하지 말고
자기의 장점을 믿지 말아라.

나와 가정, 올바른 마음가짐

 뜻을 생각하며 바르게 따라 써 보세요.

莫	談	他	短
말 막	말씀 담	다를 타	짧을 단

靡	恃	己	長
말 미	믿을 시	자기 기	길 장

남의 단점을 말하지 말고
자기의 장점을 믿지 말아라.

 다음 중 '길이'를 나타내는 한자를 모두 찾아 ○를 표시해 볼까요?

 **천재의 한마디** 내 장점을 믿고 자랑하는 것은 남들에겐 잘난 척으로 보일 수 있어. 남의 단점을 비웃는 것 역시 좋지 못한 행동이지. 단점도 장점이 될 수 있고 장점도 단점이 될 수 있거든!

정답 短, 長

145

적선지가 필유여경
積善之家 必有餘慶

선행을 쌓은 집에는 반드시 남는 경사가 있다.

 뜻을 생각하며 바르게 따라 써 보세요.

積	善	之	家
쌓을 적	착할 선	어조사 지	집 가

必	有	餘	慶
반드시 필	있을 유	남을 여	경사 경

　선행을 쌓은 집에는 반드시 남는 경사가 있다.

 '적선지가 필유여경'과 어울리는 상황에 ✔ 표시를 해 볼까요?

 ① 제비의 다리를 고쳐 주었더니 보물이 열리는 박씨를 물어다 주었어. ( )

 ② 일부러 제비의 다리를 부러뜨리고 나서 고쳐 주었더니 똥이 열리는 박씨를 물어다 주었어. ( )

 착한 사람은 복을 받고 나쁜 사람은 벌을 받는다는 옛말처럼, 착한 일을 많이 한 집에는 좋은 일이 아주 많이 생긴대. 다 함께 사는 세상이니 서로서로 돕고, 나눔을 실천하며 사는 건 어떨까?

쉬어 가기 5
숨은그림찾기

다음 빈칸에 들어갈 단어를 〈보기〉에서 찾아 각각 적고, 천재의 방에서 해당 그림을 찾아 ◯를 표시해 보세요.

보기: 손, 입, 책, 눈, 발

① ☐ 은 반드시 무겁게 하고 ☐ 은 반드시 공손하게 해라.

② ☐ 은 반드시 바르게 하고 ☐ 은 반드시 다물어야 한다.

③ ☐ 을 읽으며 부지런하고 검소하게 사는 것은 집안을 일으키는 근본이다.

정답

쉬어 가기 1

44쪽 / 45쪽

쉬어 가기 2

74쪽 / 75쪽

100쪽 / 101쪽

124쪽 / 125쪽

쉬어 가기 5　　　　　　　　　　148쪽 / 149쪽

 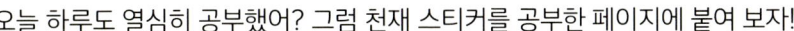

오늘 하루도 열심히 공부했어? 그럼 천재 스티커를 공부한 페이지에 붙여 보자!